U0016540

有病的
其實是我媽，
卻要我去諮商
DOCTEUR FEEL GOOD

大衛·古席翁、穆佐 合著

Geraldine LEE 譯

目錄

目錄

你好！很高興能夠認識你！

對你來說，像這樣坐在心理醫師面前可能有點怪，不過我保證，一切都會順利進行！

你知道是什麼原因讓你坐在這裡？

呃…不太知道。其實是我媽在那邊擔心…

緊張！

的確如此

身心科

父母的天職就是擔心孩子…

你覺得她的擔心有理由嗎？

沒吧。嗯…我不太知道，我看起來不像個瘋子吧！

啊，人們的確常把心理醫師與瘋子連在一起，但你知道，一般所說瘋不瘋什麼的其實根本不準，每個人都有點瘋瘋癲癲的好嗎！

像我就有一點啊！

不過別擔心，這不會傳染啦！

5

其實，我接觸到的青少年家長多少都在擔心同樣的事情…

學業成績　　　自尊低落　　　家庭關係　　成癮，壓力，不良行為…

你覺得自己可能與哪一項問題有關嗎？

呃…大概…也沒有…

我來這裡只是想讓我媽閉嘴…

這理由太好了！

開玩笑的啦！

其實來這裡很需要勇氣呢，就算是成人，也會覺得看心理醫師有點嚇人。不過既然你都來這裡了，不如好好利用這個機會！

不介意的話，試著簡單談談你自己：是什麼樣的人、喜歡什麼東西，還有在煩惱什麼

我喜歡聽音樂，喜歡的歌手是 Guizmo*，我猜你不認識…

如果能給你一點建議，將是我的榮幸！

我也愛看 Netflix、打遊戲，看看像 Cyprien** 這類網紅的影片…

*Guizmo 是法國著名饒舌歌手
**Cyprien 是法國著名演員、部落客、Youtuber

6

拜託，我女兒年紀跟你差不多，我當然認識 Guizmo。他不太是我的菜啦，但是唱得挺不錯的

不過說到影集，我超愛看的啊！

你看了《黑鏡》最新一季嗎？

我是心理醫師沒錯，但不代表我們就像長滿蜘蛛網的老東西一樣，整天只會沉思…

影集跟電腦遊戲最大的問題是，一旦開始，就沒辦法停下來…

這倒是真的。我每次都對自己說「看個一、兩集就好」或「只玩一個小時」…

結果我半夜三點還黏在電腦前面，而且隔天早上八點有課！

哇，這樣要爬起來太困難了！

對啊，我隔天根本起不了床…

這是媽媽老是罵我的其中一件事

在螢幕前面待太久了！

你應該出去走走！

她希望我去看點展覽…

或者去運動…

但我比較想跟電腦待在一起啊啊啊啊啊！

我媽常說我什麼都不管，每天只會攤在電腦前面。她不懂啦，我就是沒辦法控制啊！

我一定是個意志不堅的人！

8

不不不，這跟意志無關

這是螢幕

磁鐵般的 吸引力啊！

螢幕實在是太強大了，就算是矽谷天才型的人物，

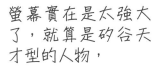

就是那些寫出 Google、Uber、 Facebook 程式的 人

都害怕會

上癮啊！

我抓住你啦！

他們把小孩送去那些仍用黑板和粉筆，而不是用螢幕上課的學校。

這真的有用！我試過，效果很驚人，我覺得比較不容易被螢幕約束，也比較不會一直想要上網

是說這也很合理⋯

有一門科學叫做「神經行銷學」，專門研究人類的情緒和行為如何受影響；像是了解顏色怎樣加強人們購買的意願

想要！

我們發現

紅色

是刺激與年輕的顏色

所以任天堂與可口可樂都用紅色

黃色

是樂觀的顏色

因此 Snapchat 和麥當勞都用黃色

但正如你所見，硬要說螢幕不好，其實很愚蠢

事實上，螢幕是一種很棒的溝通工具，也是獲取知識的途徑！

問題在於我們變成螢幕的俘虜，因為人們無法缺少它

螢幕從我們身上偷走的時間太可觀啦！

給你個有用的建議

看到結果後，你很可能會大吃一驚

詳細記下自己每天待在螢幕前的時間，並且把它加總起來

12

根據最近發表的一項研究顯示，青少年
平均每人每天花4小時盯著螢幕
4
×7
×52
把4小時乘以每週7天，再乘以52週，一年就花了1500個小時！
你能想像嗎？
另一方面，讀一本書大概要花6小時！
也就是說，1500個小時大約可以讓你讀250本書！
你看看，這可以學富多少車！
你怎麼什麼都知道？

或者換個例子：

你想變成肌肉男，
每天運動 30 分鐘，
一年下來，會花
你 180 個小時

跟 1500 個小時比起來，
根本就不算什麼！

或者你想學習一種
語言，直到能說得
很流利…

有人研究過，這大約
要花 700 小時

你能想像如果少花
一點時間盯著螢
幕，自己可以學會
多少種語言嗎？

Vacker svenska, dina blå ögon är havet där jag drunknar... *

Watashi wa anata no atsui yoro no samurai ni naru! *

* 美麗的瑞典姑娘啊，妳湛藍的眼睛是讓我沉醉的海洋

太酷了！只要停止黏在螢幕前面，兩年後我的生活就是這樣！…

* 熾熱的夜晚裡，我是守護妳的武士

Eftir innsiglið veiðð munum við gera ást nakinn á ísnum... *

Angatuyok! *

* 獵完海豹後，我們去冰上赤裸裸地愛愛吧…

* 少用芬蘭話嚼叨，老娘是因紐特人（Inuit）！

15

你可以像我這樣，嘗試一下

「數位解毒療法」

會讓你

身心舒暢

嗯...

你把所有 App 的通知功能關掉，像 WhatsApp 之類的，

這樣你就永遠不會被打擾啦！

~~推播通知~~

接著，要求自己別秒讀秒回，一天大概回個兩三次就好

晚上睡覺時，把手機調成飛航模式，這樣你就不會被打擾

因為會影響睡眠。像你現在這個年紀，每天需要 9 小時睡眠，好讓你隔天可以 100% 發揮自己的體力與智力

無論如何，要避免太晚還在使用螢幕

所以啦，如果你每天7點就要起床，表示前一晚10點鐘要上床睡覺！

照理說，上床<mark>睡覺前1小時應該停止</mark>使用螢幕，也就是只能用到9點！

這是為了你們好！

可以在家裡放一只盒子，在群體活動的時間裡，家裡每個人都必須把手機調成飛航模式，並放進盒子裡。

也就是說，一起用餐時，

朋友來訪或進行特定活動時

做功課時，甚至是其他場合…

這樣能讓你習慣別一直抓著手機不放！

至少你知道手機在哪！

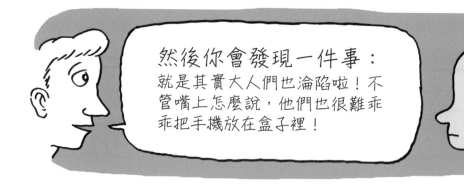

然後你會發現一件事：
就是其實大人們也淪陷啦！不
管嘴上怎麼說，他們也很難乖
乖把手機放在盒子裡！

他們會偷偷察看有沒有收到訊息

如果手機響了，他們
也很難忍著不馬上跳
起來接電話，好像電
話另一頭是總統大人
一樣！

事實上，你可以反過來幫他們解
螢幕的毒！看看到底誰不用手機
會比較難過，不一定是你
喔，哼哼！

說到底，我們大家
都一樣…

我們的大腦是一部 **喜歡享樂**的 **機器。**

 這部機器非常需要不時來點多巴胺。這是製造愉悅感的神經傳導物質,也是大部分毒品摸仿的對象。

當我們的大腦缺乏多巴胺的時候,它會開始抱怨

就像那些肚子一餓就喵個不停,喵到你懷疑人生的貓咪

要提供大腦所須的多巴胺，有兩種方法

①

一種是不需要努力就馬上可以得到，就像貓咪要飯吃那樣的機制

這種機制與意願無關，完全建立在你對未來所能獲得獎賞的想像力！

②

另一種則是需要

消耗力氣

以換取未來的獎賞。這也就是鼓勵哺乳類去打獵、人類去工作的機制

這就是為什麼家貓們一隻隻又肥又懶嗎？

沒錯，在大自然裡，貓咪需要打獵，所以牠們的腦袋會預期抓到獵物後的多巴胺獎賞…

如果沒有這份獎賞，貓咪完全沒有理由去動爪子

不如窩在被子裡等著這一天過去…

最多也就是跑個兩步當做玩耍，但牠們絕對不會成為打獵高手

所以你是說，看影集會讓我變懶嗎？

對也不對。我會嘗試限制自己，雖然有時候這很難做到…

對我來說，我的多巴胺來源是工作。能遇到像你這樣的年輕人、幫助他們，讓我很有動力，可以說是我的大麻

工作可以當麻來呼？

可以啊，只不過是合法的！

不過最有趣的是，你可以 訓練

自己的大腦！

坐下！

我要說的是，如果你想訓練一隻狗…

餅乾要在狗遵從指令之後給，而不是之前

不然你得訓練很久，牠才會伸爪子跟你握手…

你懂我的意思嗎…

你完全可以對自己的大腦做一樣的事！在任務完成前，不要給你的大腦多巴胺，完成後再給！

即使大腦跟你哭哭，你也要試著說服自己…

我們的大腦可是 **很狡猾的呀！**

大腦總是有好理由來使用人類的智慧，有時甚至會對我們不利。

我教你一招，就是別再跟你的大腦妥協了，因為一旦開始聽它的話，你就輸了！

這是個小把戲，但是在我身上效果非常好！

早上醒來，看到外面一片灰濛濛、又濕又冷，讓人一點都不想起床，那種「再躺一下下，還有一點時間」的掙扎就會跑出來。這時候，我會開始倒數，就像火箭發射前倒數計時一樣：

10 - 9 - 8 - 7 - 6 - 5 - 4 - 3 - 2 - 1 - 0 ！

跟你保證，數到零的時候，我已經爬起來了！

重點是你要意識到，
做出決定的人是你！

這對建立自尊心來說
非常重要！

另一個也很好用的招數！

5-5-5 大法

① 想像如果能在接下來 5 分鐘內開始動作的話，
我所能得到的好東西（早餐，沖個熱水澡…）

② 如果我能在接下來 5 個小時努力工作的話（治
療病人、做些重要的事）

③ 接下來的 5 年：與個人存在意義相關的長期
目標，想想我過去 5 年能做到的有用事情…

對大腦
下命令

欸，大腦！

幹嘛？

你很愛在沙發上
滾來滾去
對吧？

超愛的！

我決定了。從今天開始，
你喜歡活動、做有意義
的事⋯

噢，不！

太麻煩了！

夠啦，我才是做
決定的人。

你這懶鬼！

換句話說,「立刻行動」這件事情對我而言有深遠的影響。這不起眼的幾秒鐘實際上定義了我的存在和自己即將成為的樣子⋯

你講的這套**太扯**啦!

而且你的情況又不一樣,你有一份自己喜歡的工作

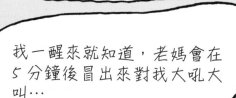

我一醒來就知道,老媽會在5分鐘後冒出來對我大吼大叫⋯

5個小時後,我會上那個超討厭老師的課!

老師

誰畫的?

而5年之後⋯我完全不知道我會做什麼⋯

我會想像自己如果做這些工作的話，大概會做些什麼

森林管理員騎馬
巡視森林…

住在林間空地的
一幢木屋裡…

當最重要的「5」變成
兒童教育志工時，我
會想像自己正在照顧孩
子、跟家長談話…

事實上，只要有足夠的想像力，你完全可以
創造自己的故事，你就是故事裡的英雄

你要試試看嗎？

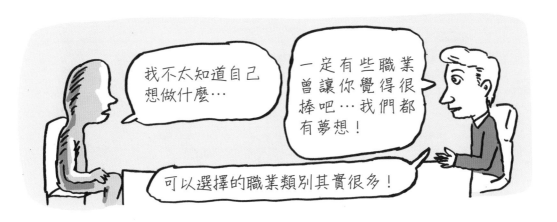

我不太知道自己想做什麼…

一定有些職業曾讓你覺得很棒吧…我們都有夢想！

可以選擇的職業類別其實很多！

教育

科學研究

法律

資訊產業

藝術

媒體新聞

人道援助

商業

環境保護

這個概念是，你要學會看清大方向！

我建議你想想看

你有做夢的權利！

與其給大腦一些可有可無的小餅乾 ＊，不如承諾它一頓多巴胺大餐！

我可以成為很棒的人？！

做一些很酷的事？！

 ＊ 你說的小餅乾，是影集或遊戲帶來的即時性快樂嗎？

你答對啦！

大腦的獎賞系統

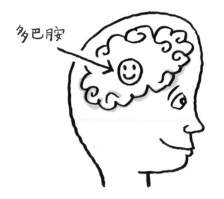

只要你做了能讓自己獲得正向經驗的事，大腦就會釋放一種化學物質：多巴胺。

多巴胺能帶給人們愉悅的感受，並提升人的主動性

事實上，只要想到能讓我們覺得愉悅的事情，就可以提高多巴胺的濃度

多巴胺也能幫助我們
更容易對事態做出反應

但過量的多巴胺反而
會讓人失去動力（因
為濃度已高到極限
了，身體便覺得不需
要做出反應）

偶爾熬夜會使多
巴胺增加，這就
是為什麼熬完夜
的隔天會特別亢
奮

長期睡眠不足
則會帶來相反
的結果

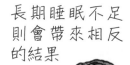

矛盾的是，藥物成
癮會導致多巴胺濃
度降低

32

事實上，這些藥物透過人為且簡單粗暴的方式，增加大腦愉悅中樞接收到的多巴胺（它們會摸仿多巴胺的效果，這也就是為什麼它們那麼令人愉快，至少一開始的時候是…）

並很快地讓大腦的多巴胺回饋機制產生疲乏

這也就是為什麼成癮者服用的劑量越來越高，效果卻越來越差，也就是所謂的耐受性。

如此一來，成癮者必須一直使用這些藥物，才能避免不用藥時那些令人極度不舒服的感覺。人們因此產生依賴，也就是生病了，因為大腦無法再獨力製造足夠的多巴胺，好讓人覺得開心。

好痛苦…

你是說，當我們給大腦的多巴胺太多的時候，比如一直使用螢幕或藥物，大腦就會變懶，對吧？

但就算知道應該要調整，如果大腦已經上癮了，想改也改不過來，那該怎麼辦？

我有個

朋友會呼大麻，

他還吸滿多的，常常看起來一副失神的樣子…

你知道他是跟大家一起開趴時偶爾吸，還是剛好相反，一個人躲起來天天吸？

你知道他吸大麻所追求的是什麼嗎？
青少年吸食大麻有非常多不同的原因…

大部分的年輕人是開趴時偶爾吸兩口

但也有些人習慣天天吸

有些人則是為了放鬆，
因為他們實在太緊張了⋯

我在這裡混吃
等死什麼⋯

也有些人則是
打發時間，避免無聊

也有些人
拿來當安
眠藥用，
因為他們
真的睡不
著⋯

還有些人因為壓力太大，
用它來擺脫焦慮

至於對那些已
經成癮的人來
說，就只是癮
頭來了而已

…你覺得對這個「好像跟你很熟」的男生來說（哼哼）…這件事會造成他的困擾嗎？

嗯…之前他大多是偶爾跟朋友一起吸個兩口，但最近真的吸得有點多…

他在學校跟家裡都有些煩惱；你知道，大麻可以幫他稍微…減輕一些壓力，放鬆一下…

不過這沒有很嚴重啦，唉喲，跟酒精比起來，這至少是草藥啊，天然的，不是人工合成！

我媽老是在那邊說一堆有的沒的，說什麼呼麻會變瘋子！

你媽媽大概是聽人家說，大麻吸食過量會造成思覺失調症。這百分之百是真的！我有不少年輕患者遇過這種問題。大麻呢，是一種

致幻藥物！

置換… 藥物？

抱歉，這是專業術語，意思是它帶來的幻覺效果和 **精神** **疾病發作時** 很像

事實上，這種草  確實會引發症狀疑似思覺失調症的精神疾病。

（幻覺、被害妄想、動機低落、與現實世界脫節…）

這太扯了吧！

不過只要戒掉大麻，這些症狀就會消失對吧？

呃，這可就很難說了…

37

實際上要視許多不同情況而定⋯

每個人的體質與心理狀態都不同，有些人就是比其他人脆弱一些。

其中也包括遺傳因素。比如說，家族裡如果有人曾罹患思覺失調症或雙極性疾患，你罹病的風險就會比別人高一些

叔叔

大厝大厝

開始吸食藥物的年齡也很重要

越早開始，風險越高

研究顯示，其實在25歲前，大腦還是很脆弱的

易碎品

拿幼兒來說，大腦裡面的細胞——也就是神經元的排列，是靠一系列很鬆散的神經連結所維持的。這些連結無所不在、極度繁瑣且非常雜亂，看起來就像一片荒煙蔓草

到了青少年時期，為了發展認知能力（記憶、主動性、組織能力和其他與思考、智力有關的能力），大腦裡的神經連結必須變得更精緻、更有組織性

我喜歡這樣，有條理多了！

看得一清二楚！

這些神經連結必須變得更精準。為了達成這個目的，神經連結數必須變少，所以必須清除部分連結。這個步驟是必要的，然而一旦這個動作（就是所謂的「突觸修剪」）變得過度頻繁，就會造成危險。

突觸修剪公司
tel: xxxx-xxxx

上工囉！

在這個過程中，神經元的長度 也會增加，以連結距離較遠的腦區。這有點像是古早年代的鐵路，許多村莊都有個小小的車站；另一方面，高速鐵路的車站雖然很少，車速卻能更快、更有效率

神經元會包覆在一種可以加快傳訊速度的物質裡：髓鞘脂。它就像電線外層的絕緣塑膠皮，包裹著突觸。

這層皮由富含 Omega-3 的脂肪所組成，對大腦來說，是種非常健康且營養的能量來源

簡單來說，沒有髓鞘脂，神經細胞傳遞訊息的速度就會像古早的撥接上網；有了髓磷脂，就像裝了 光纖 一樣。換句話說，在 15 到 25 歲這段期間，你的大腦就像一片建設中的土地，你可以想像：有一大群園丁為了幫你建造一座美麗又條理分明的花園而勤奮工作。問題來了，在園丁工作的過程中，千萬不能打擾他們⋯

⋯不然他們會開始變得懶惰散漫，無法好好工作。最糟的情況是，他們決定全部砍掉重練，最後留給你一片光禿禿枯枝和鬼剃頭草皮的「花園」！而在可能 打擾園丁工作的因素 中，包括了睡眠不足、壓力過大、營養不良及吸食大麻！

比如說，倫敦國王學院的學者指出，第一次吸食大麻若是在 18 歲前，之後也有規律地攝取（也就是每週數次的意思），這些人的IQ比起未吸食大麻的人，平均要低上 10 分。

關於思覺失調症，這邊給你一點概念：瑞典曾進行一項針對45000名青少年的大規模研究：吸食大麻會提高罹患思覺失調症的風險達6倍！其他研究也證實了這項結果，越早開始接觸、吸食量越大，風險就越高！

而像我剛才提過的，對於那些有思覺失調症家族史的青少年來說，吸食大麻的影響更大。你可以回家問問看，如果你的血親（叔叔伯伯、堂表親、爺爺奶奶外公外婆…）曾有人罹患過思覺失調症，你就更應該好好保護自己。因為像思覺失調症這樣的疾病一旦發病，就完全沒有辦法讓它停下來，你必須一輩子都為這個疾病服藥！

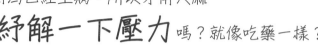
但是那些呼太多麻的人，難道不是因為已經生病，所以才用大麻

紓解一下壓力 嗎？就像吃藥一樣？

這是個很狡猾的問題，不過學者試著給出一個答案

總之，吸食大麻會提高罹患思覺失調症風險是真的，即使對那些吸食前並未表現出相關症狀的年輕人來說也是

目前所有這個領域的學者都確實認為

大麻在引發精神問題的過程中

…扮演了重要的角色

有些人會說，呼麻只會有茫酥酥的爽感，但那是因為他們並未經歷過某些可怕的過程，比如在連續幾週無法脫離的譫妄狀態後，被送進精神病院…

禁大麻這件事，說起來就跟美國當年在兩次大戰之間的禁酒令一樣，反而造成黑幫的崛起。從現在的角度看來既可笑又假掰

大麻交易牽涉到的

金錢

是最好的肥料，

不僅造成 **走私**

還連帶助長了

暴力

政府應該像對待酒精和菸草一樣看待大麻

要明確指出其危險性，但最終必須讓大家為自己的健康負責

並課徵重稅，以限制攝取

她真的會把我抓去驗尿，
就像檢查那些運動員一樣！

事實上，當父母決定扮演警察的角色，或決定要扣孩子零用錢時，事情往往不會變好，反而變得更糟

我不會再給你零用錢買草來吸！

來當個小藥頭好了，至少可以賺點錢買自己的份…

歡迎來到犯罪的世界！

這會讓親子關係變得非常緊繃，於是第一個問題「藥物依賴」創造了第二個問題「家庭關係的破壞」。而這個結果完全無助於解決第一個問題，真的一點幫助也沒有

家庭關係

怒！

如果我跟你講的話，你可以不要跟我媽說嗎？不然她一定會打爆我的頭！

我們怎麼知道自己上癮了？

我得趕緊找點草來吸！

快，趕快！

上癮之後，我們又能怎麼辦？

讓我確認一下。你從剛剛開始就一直在談的「你朋友」，其實就是你自己吧？

事實上，我跟你之間有所謂的「保密原則」，如果你不希望我跟家長說的話，我會尊重你的決定！

為了更明白你的情況，我們先來做一份問卷：

① 你是否曾在中午前就開始吸食大麻？　□ 是　□ 否

② 你是否曾在獨自一人的情況下吸食大麻？　□ 是　□ 否

③ 你是否曾因吸食大麻而出現記憶衰退的問題？　□ 是　□ 否

④ 你的家人或朋友是否曾建議你減少大麻的用量？　□ 是　□ 否

⑤ 你是否曾嘗試減量或停止吸食大麻但沒有成功？　□ 是　□ 否

⑥ 你是否曾因為吸食大麻而造成以下問題？爭執、鬥毆、發生意外、急性焦慮、學業成績低落？　□ 是　□ 否

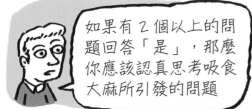

如果有 2 個以上的問題回答「是」，那麼你應該認真思考吸食大麻所引發的問題

如果有 3 個甚至更多的問題回答「是」，就需要尋求專業協助

有 3 個「是」就要去看醫師，是不是有點大驚小怪啊？

才不！

要掉進上癮的陷阱裡，可是很容易的！

來一根吧？

事實上，有 3 個以上問題回答「是」，表示你該尋求專家協助，但這不表示你是隻無藥可救的大毒蟲。這是兩回事…

他們會給你一些有助於減少大麻用量的藥物，就像幫助你離開螢幕一樣

少抽幾根，少放點草，別抽得那麼頻繁

你可以從試著在菸捲裡少放一點草開始

你也可以試著規定自己某些日子不要吸，比如上課日…

想來一根的時候，盡量拖延每天開始第一根的時間！

你也可能同時對菸草的成分上癮，我們常忽略掉這部分。尼古丁上癮很難戒啊，比大麻上癮還難！

不過，第一步是要清楚意識到自己想抽大麻的原因

就是所謂大麻的好處（愉悅感、大麻的味道、提振精神、融入朋友…）

優點

把它們通通列出來

缺點

在旁邊寫下你認為的壞處：

隔天的疲憊感、記憶與專注力的減退、積極性下降、成績變差、金錢負擔、與父母關係變差、法律問題…

接下來想像一下：每項優點跟缺點都像一顆小小的石頭，放在天秤上具有一定的重量。以長期來看，如果某項因素對你來說很重要，就給它標上1000公斤

如果不太重要的話，就大概只重 1 公斤

如果你覺得某項因素很重要，但只有短期影響的話，就給它標上100公斤；畢竟無法持久的影響不能與長期因素比較

1kg

你可以計算一下決策天秤兩邊的重量嗎？

我給你一點時間想一下

不過，如果你沒有辦法很快思考這些問題的話，我建議你拿出勇氣，找藥物成癮的專家談談

CSAPA

你可以上網找找離你家最近的CSAPA。可以不用預約，直接過去，而且是免費服務

甚至不用跟父母一起去──如果這對你來講比較容易的話…

CSAPA＝成癮治療、支持與預防中心（臺灣各縣市政府亦設有毒品危害防制中心與免付費諮詢專線 0800-770-885）

是說，你剛剛提到我該**選擇**做自己喜歡的事，而且只要一些**動力**就可以達成…

你別生氣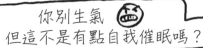
但這不是有點自我催眠嗎？

要知道的是，沒有一種方法適用於所有人，又不是變魔術…

重要的是，要努力找到能讓你改變想法的方式

這有點像是從許多不同的角度去拍攝同一片風景，

我們其實看著同一片景色，卻覺得好像在看完全不同的東西一樣

喀嚓

你要自己找到
自己的方法喔

重點是去尋找、嘗試
各種不同的經驗，就
像做科學實驗那樣

絕對不要對自己說：

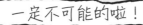
一定不可能的啦！

不，這是
錯的！

不！

我要告訴你一個宇宙大祕密：
那些覺得事情絕對不可能成功
的人，他們所做的事就
真的不可能成功！

哲學家塞內卡曾說：
並不是因為不可能
成功，所以你不敢
嘗試；而是因為你
不敢嘗試，所以不
可能成功！

換句話說，以你現在
的年紀，如果不敢去
做點春秋大夢，就是
大大降低了自己可能
成就偉業的機會，即
便你有的是<u>能力</u>！

這就是我們說的「自我實現預言」。

告訴你一個例子：美國曾做過一份研究——雖然有點超出道德底線，不過可以佐證我剛說的話。

研究人員讓幾千名學齡兒童做 IQ 測驗，並把結果寄給家長

但研究人員們故意把測驗結果弄亂，並以隨機的方式寄出

你是天才！

因此，有些孩子雖然表現平庸，但家長卻相信家裡出了個天才兒童；也有剛好反過來的情況

過了幾年後，研究人員再度與孩子們聯繫，發現：當年收到的測驗結果比自己實際 IQ 高的學童，在校表現遠超過那些成績低於實際 IQ 的學童。

這就是所謂的「自我實現預言」

輪到你幫自己創造一個啦！

你要知道

長期記憶

如果能與情緒產生連結的話，會比較持久。

該來點重訓啦！

方法
↓

每幅影像都必須盡可能獨特且有趣。你所做的連結越是好笑或奇怪，越容易記住！記憶與感官知覺也有關係。腦中的影像有顏色、氣味、味道等等，非常容易就能記起來啦！你也可以把事情跟兒時回憶連結起來

至於實際上的操作…首先選擇一個自己喜歡的地點

比如說，你的房間！

接著想像自己在裡面走來走去，就像真的在那裡

房間就是你的記憶殿堂，你可以選擇怎麼擺放自己的東西、床、邊桌、衣櫃、書桌、門…要想辦法讓自己在房間裡面的路線視覺化

假設現在你要 記住雅爾達會議的細節

雅爾達會議在 1945 年 2 月 11 日 於克里米亞召開， 與會者有： 溫斯頓·邱吉爾、 富蘭克林·羅斯福 和約瑟夫·史達林

想像你自己在 房間裡散步，

接著在床上看到 幾個小時候喜歡 的玩具

第一隻是 富蘭克林龜

牠手上拿著一朵玫瑰 （富蘭克林＋玫瑰〔rose〕 ＝富蘭克林·羅斯福 〔Roosevelt〕）

他用力搖著玫瑰花，想驅散來自 身邊那隻巨大兔子的二手菸…

…這隻兔子抽著
溫斯頓牌香菸
（邱吉爾的姓）

同時，旁邊有第三個人物：名為喬（Joe）
的士兵背著一顆大電池（cell），正飛速
匍匐前進，為了趕快回去見他的達令…
（Joe＋cell＋darling＝約瑟夫·史達
林〔Joseph Stalin〕）

接下來要記住數字

你可以想像床頭櫃
上有兩個小士兵抬
手敬禮，看起來很
像 11(11 月)

要記住「2」(2
月)，可以想像
衣櫃上有兩隻巨
大的眼睛正看著
房間

書桌旁有個傢伙，
蹲在一張掌狀的藍
色椅子上（蹲著的
人看起來像 4，手掌
象徵 5）(1945 年)

門上用紅漆寫著
「犯罪」（crime），
溼答答、黏糊糊的，
就像血跡一樣，這
是為了記住克里米
亞（Crimea）這個
地點。

這樣就能增
強記憶了！

很好玩，
對吧！

所以當老師突然來個隨堂考的時候，其他人完全不能理解，你為什麼能寫得又快又輕鬆，他們卻只能看著考卷發呆；重點是你還邊寫邊偷笑！

當然啦，他們是看不到你身邊那隻菸槍兔的！☺

好，我會試試看。這聽起來好像還滿不錯的，你教我的這些東西搞不好真有點用…

我原本以為心理醫師都不說話的，他們只張著耳朵聽…

每位心理醫師都不太一樣，我就是話很多的那種，也知道自己有點太多話了…

其實不會，這樣反而讓我比較安心，因為一開始真的不太知道要說什麼。不過最後竟然是在聊我有興趣的東西呢！

不過你說的對，我說話的時間比你還長呢。我希望能聽你聊聊自己，要不要跟我分享一下家裡的事情？

蛤？！一定要嗎？

有這麼難嗎？

也沒有，就是

我媽真的太機車了！

而且我跟她現任男友也處得不太好

你就是要人家用力踢你屁股才會前進啦！

他真的很爛，而且什麼都不懂。他完全沒辦法讓我媽冷靜，只會讓我媽跟我吵得更凶

我懂了…你一定很不好受

也不都是這樣。但她就是不聽我講話。她以為自己非常了解我，給我指令、給我建議、無時無刻想監視我，也不想讓我出門，我真不懂她在害怕什麼…

所以我們天天吵架

而且她有事沒事就會跑來找我講話，像是「你還好嗎，我的小寶貝？」之類的

來聊聊吧，親愛的兒子！

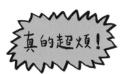

真的超煩！

她還會不敲門就進我房間，講得好聽是要打掃，

但她只要一進來，整個人就會大爆發。她無法忍受我房間的狀態。對啦，是有點亂沒錯，但這是我房間耶！

沒錯，對你這個年紀而言，私密空間是很重要的。不過我想這種程度的事情，她應該可以理解，對吧？

才不，**她超頑固的！**你絕對沒辦法想像她是個怎麼頑固法！說真的，我覺得有**病**的人其實是她。跟她比，我真的還好…她比較嚴重，應該來看診的是她才對！

那麼，跟我聊聊你媽吧。你覺得她是什麼樣的人？

呃，聊什麼？

嗯…比如說，她的**個性**。雖然這次沒機會見到她，但如果你同意的話，下次說不定可以碰個面。不過我還是想聽聽你的想法：如果遇到她的話，你覺得我對她會有什麼印象？

啊，你一定會覺得她**超棒的**

她在別人面前很會演，

就像個完美媽媽，超酷、超友善…

…但事實上，她**完全讓人無法忍受！**

是說，我不太知道該怎麼定義她的個性。你可以幫我嗎？

好啊，心理學上的確有很多分類個性的方法。不過我們不用講得太理論，有種簡單的方法，能幫我們清楚分類不同類型的人怎麼維持他們的人際關係

我們稱這種理論為「依附理論」

概念很簡單：我們從很小開始，便學會編織親密關係，這份本能可以追溯到剛出生的前幾個月，甚至是前幾天

這很正常。當時我們的生命完全維繫在某個人身上，沒有這個人，我們甚至無法在世上存活幾個小時。所以我們會黏對方黏緊緊的，這就是所謂的依附關係。

假設你站在剛出生的小鴨面前，而且你是牠鴨生中看到、聞到、感覺到的第一個人，

牠就會跟在你後面，走到哪跟到哪，一副你是牠媽媽的樣子！

這時，你就會變成牠的「主要依附對象」，也就是對這隻鴨子來說最重要、必須對牠負責的人

這可以說是一種印記，而印記不只出現在心理層面，同時也是生理上的，在這個過程中，體內會產生特殊的荷爾蒙

能當鴨子的媽媽一定很好玩，

你知道我能在哪裡找到小鴨嗎？

呃⋯⋯
我建議你還是別這麼做，因為你得負責照顧牠一輩子喔！

或許有一天你會想成為一位父親，不過這種事得慢慢來，別太著急

依附關係

是人類極早開始發展、並對生命至關重要的連結

幼兒很快就會學到如何跟**母親**保持這份情感連結；而且從很小的時候開始，我們就能觀察到每個小小孩都很不一樣

是說，他們有些人還真性格！

就像那些沒斷奶的小奶貓嗎？

早知道應該還回去的

那隻貓簡直有病！

我們養過一隻，小貓才一個月大就被迫離開貓媽媽身邊

我們都說牠像**恰吉**

雖然牠很小隻，但真的很嚇人，常常整隻炸毛！

你知道，就恐怖片的那個…

對，小貓的確感覺很不安。牠在生命初期沒有跟媽媽保持夠長久的關係，所以離開媽媽後的心理狀態變得很差，才會張牙舞爪地展現出自己的不安全感，你們應該跟牠保持距離

我好痛苦！

可憐的貓咪！

我們應該帶牠來找你才對，牠因為我們得了憂鬱症！

再回到剛剛說的依附關係。因為和父母相處的機會較多,所以有些人在幼童時期就能學會建立安全穩定的人際關係

也因為他們知道怎麼樣建立安全穩定的關係,所以能複製這種模式,安全地建立其他對他們而言很深刻、很重要的情感關係,包括與伴侶間的愛情,以及與子女的親子關係

SECURE 安全

這超堅固的啦!

但很不幸的，有些人在幼童時期並沒有機會得到足夠的情感支持，他們無法在令人安心、柔軟、充滿愛，同時堅固並有其分寸的環境裡成長。這種人常常會發展出充滿不安全感的行為模式（某種程度上，這個結果是可以理解的）

為了做出更進一步的研究，有許多學者都嘗試讓這個理論更加完備…

因為你看，這裡有許多「不安」與「不安」！

比方說，有許多比恐怖片還恐怖的童話故事，故事裡缺乏安全感的角色很多，不過他們表現不安的方式各有不同

像是

因嫉妒殺死歷任妻子

或是

驢皮公主的父親*

想強暴自己的女兒

又比如

《糖果屋》裡的父母

因為怕資源不足，所以把孩子拋棄在森林裡

當然還有

還有

白雪公主的後母

因嫉妒而想殺死自己的繼女

在沒有大人的陪伴下，讓女兒單獨進入森林…

* 法國童話，描述一位國王在妻子死後想強娶女兒的故事

我們來分類一下，會比較好理解

基本上，我們把沒有安全感的人分成3大類：依賴者、逃避者與矛盾者

依賴者

通常沒有辦法讓自己從主要依賴對象的身邊離開，就像那些在幼稚園裡哭得滿臉鼻涕眼淚而無法自制的小孩

依賴者多半處於高度焦慮狀態，非常需要別人的保證，並且無法承受與人之間的距離感，只要跟依賴對象之間稍有距離就容易緊張

為什麼你要遠離我？

逃避者

媽咪！

則是完全相反，逃避者與人常常保持距離，喜歡一個人住在自己的洞穴裡。並不是說這樣的人無法愛別人，而是相較之下逃避者需要保持遠一點的安全距離，而這對一個年幼的孩子來說並不容易理解

一般來說

矛盾者

待人經常會忽冷忽熱，「我愛你，我不愛你」，矛盾者有可能在一天之間或者一小段時間裡面，就從熱情洋溢、溫暖善良很快地轉變成冰冷無情、充滿距離。這樣的關係，對孩子而言，是非常難以理解的

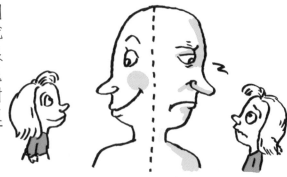

熱

冷

哈！哈！這個好笑！

我喜歡你的幽默！

如你所知，在青少年時期，家裡常常上演著強烈的拉鋸戰

父母想要保護孩子，因此雖然有時候他們的方法很笨拙，還是會想辦法設下界線，而孩子則是想要爭取（他們也的確應該要擁有的）自主性，

像我常常喜歡說的，天下沒有完美的父母，

也沒有完美的孩子！

可以說，這是一邊想要安全感，另一邊卻想要自主性的狀況，拉鋸戰的兩邊都努力地推擠抗衡，這個過程會慢慢塑造你成人時期的性格

你要說我媽一天到晚管東管西、限制我，對我來說其實是好的嗎？

我覺得她真的令人難以忍受，她一天到晚都在怕東怕西！

對，限制對你的確是好的

甚至可以說是必須的，因為某種程度上它可以給你帶來安全感

你知道，有些父母採取完全自由放任的教養態度，這不一定會讓孩子開心

我才不想管你在做什麼呢！

哲學家蒙田曾經說過：

「越是禁止人們去做某件事，人們越想去嘗試。」

你是說那些生來就什麼都有的人，就像《伊諾古》*漫畫裡面的那個胖哈里發一樣，會整天靠在枕頭上無所事事嗎？

完全正確！

加上這個年紀正處於建構大腦的階段，即使我們非常聰明，因為大腦採用漸進式發展的關係，我們還是容易錯誤地衡量危險，以及各種事件對未來的長期影響。我們是衝動的

我們想盡快得到愉悅感，而且不太能夠確切地意會到自己的行為有可能造成的負面後果

人生

*《伊諾古》是法國經典漫畫之一，講述主角野心勃勃的想要成為哈里發的故事

一來我們的人生經驗還不夠，另一方面也因為我們的大腦還在發展中。你可以把它想像成給你一輛腳踏車，一開始卻沒幫你裝煞車。

這就是小小孩大腦的樣子：他會去做讓自己開心的事情，卻無法避免去做不應該做的事情，那些衝動對他來說太強大了。他在麵包店裡看到糖果，就直接伸手去拿，並不會考慮到結果。

唉呀！

基本上，這個煞車系統是建構在大腦前半部一個叫做前額葉皮質的地方，這個部位會一直發展到人類 25 至 30 歲。換句話說，隨著年齡增加，我們的大腦會漸漸學會煞車、學會抑制、學會停止我們第一時間習慣性的動作

學會抑制這件事情對我們來講至關重要，因為這可以救我們的命

這個機制讓我們可以針對有潛在危險的狀況做出預測

是前額葉皮質建議我們，在危險而且於事無補的狀況下，不要爭吵、不要有事沒事爬高爬低、不要胡亂花錢…

不要因為使用藥物或酒精，而讓自己陷入危險的狀態。不要在愛情或者性關係上，做出糟糕的決定

*Louboutin 是法國高跟鞋著名品牌，以深受歡迎的紅底高跟鞋享譽設計界

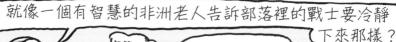

就像一個有智慧的非洲老人告訴部落裡的戰士要冷靜下來那樣？

沒錯！
在你的大腦建構完成之前，你的父母會在旁邊引導你

而你的角色，則是嘗試贏得你的**自主權**

有時你會犯規，這也很正常，犯規本來就是遊戲的一部分。事實上，那些在青少年時期完全遵守規則、一丁點也不敢挑戰權威的人，很有可能在成人後變得奴性堅強、焦慮不安…

你必須偶爾搞點事讓我幫你擦屁股啊！

好的，老爸！

但事情還是應該要有具體的界線！

是說，你都沒有跟我提過你爸爸

他在你的生命中扮演什麼角色？

嗯，我不知道！

說實在的，我幾乎沒見過他。爸媽在我很小的時候就離婚了，然後我爸就搬到國外去住

我猜他就是我們剛剛說過的逃避者的類型？

我不知道。我不能在不了解他的情況下就這樣幫他做人格分類，更不能去評斷他的是非。不過我想父親的缺席對你來說一定不是件簡單的事？

沒有耶，其實也還好。以前是有一些啦，我會覺得滿難過的，但現在不太會了。

我習慣了

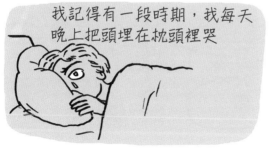

我記得有一段時期，我每天晚上把頭埋在枕頭裡哭

你現在有時候還會這樣嗎？

嗯，有時候我覺得我過得不太好，但也不知道到底不好在哪裡

這些時候你有什麼感覺？

我覺得很悲傷，好像胃裡面有一塊沉重的東西，我覺得很空虛、很沒用

有點像是你突然不再理解任何事情了？

嗯，就是這樣。好像我獨自一人存在世上一樣

我對任何人來說都不重要

而當你有這些感覺時，你會痛苦到想乾脆死掉算了？

我會這樣問，是因為有的時候，當痛苦超過我們可以忍受的程度時，有些人會出現這樣的想法

我的確有想過去死，但我並不覺得自己會真的走到那一步…

因為畢竟…

那些非常低潮的時候
並不會持續太久

人生中還是有
一些開心的時
光…

再加上我知道我對
我媽來說很重要

雖然她令人難以忍受，
但是她真的很愛我

啊，聽到你能對
這件事開玩笑
讓我挺安心的！

你說的開心時光
是什麼呢？

跟朋友一起的時
候、聽音樂的時
候、看一場好電
影、吃個披薩！
這樣你還覺得我
有憂鬱症嗎？！

實際上，說得精準一點
真正的憂鬱症，一般醫師稱為
重度憂鬱症，是指處在低潮狀
態 15 天以上、甚至更長時間經
常性覺得難過、什麼都不想要、
覺得自己差勁透了
有很多黑色的想法、一直處於
疲憊狀態等等

還會常常失眠

無法專心

成績

直線下滑

我才沒有憂鬱好嗎！讓我一個人靜一靜！

生理上也常有狀況，像是肚子痛或頭痛

常常覺得自己憤怒得一按就爆，感覺身旁的

一切都充滿敵意！

當痛苦變得難以忍受時，可能會頻繁且具體地想到死亡，想計畫一個讓一切結束的行動。這可是個超級大的警訊啊！

嗯，我其實沒有真的像這樣，我的低潮都不會太久。但會有這種狀況的人，通常都有合理的原因不是嗎？

合理的原因嗎？
不一定喔

法國詩人魏爾倫寫過一首詩〈我心淚流〉的結尾寫著「再無更大苦楚，教人無從寬解，我無愛亦無恨，只有此心痛疼！」

通常重度的憂鬱是伴隨著巨大的心理創傷而來，比如說喪親、疾病、被暴力侵犯，或者處於高度壓力之下，例如搬家、父母離異等等

但更常的狀況是，憂鬱症並沒有任何具體原因

這麼說好了，如果要找，我們總是可以找得到原因，沒有人終其一生都幸福快樂、平靜無波

但這不是最終極的原因。憂鬱是很常見的問題，大概每5個人之中就有一個在生命的某個階段中曾經被診斷為憂鬱

不過**好消息**是，

憂鬱症可以用心理治療，或者在某些特定情況下，用抗憂鬱症的藥物輔助！

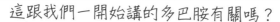

這跟我們一開始講的多巴胺有關嗎？

沒錯，這是因素之一。你記得我們提過腦內的回饋機制，需要多巴胺才能正常運作嗎？在憂鬱症的情況裡，這個機制壞掉啦！

我們還是可以照樣生活，但是一切都變得困難與費力許多，就像一輛車引擎壞掉了，因此我們要徒手去推動一輛車子前進。最後通常還是可以到達終點啦，但是實在是非常耗時費力…

而人體中其他系統也會跟著壞掉，比如說可以協助抗壓的血清素，或者幫助集中注意力的去甲基腎上腺素等等

那要是<u>多巴胺太多</u>會怎樣？

有種東西叫做

躁鬱症

指的是在同一個人身上，憂鬱低潮與<u>愉悅興奮</u>兩種極端的情緒交互出現。就像一臺機器，有的時候引擎壞了轉不動，有的時候又一個不小心轉太快

這種症狀的人處於興奮期時，會覺得自己像超人一樣無所不能，想要一次做 1000 件不同的事情。他們腦袋裡的各種想法飛快地轉，總感覺精神飽滿，並且覺得自己渾身上下充滿了迷人魅力

通常在這種時候，他們做事情就不太有分寸，所以經常出現蠢事。他們會一口氣花太多錢、把自己置於險境、或者讓親近的人覺得無法忍受

放電前

放電後

幾個星期之後，這些美好興奮的感覺會一個一個消失，他們瞬間覺得人生悲慘無比。這兩個極端會不斷交互發生

哇！
我們的大腦聽起來
挺好玩的嘛！

沒錯，而且因為大腦很脆弱，所以我們更應該好好地保護它

試著保持規律的睡眠、均衡的飲食，然後盡量避免去碰毒品…

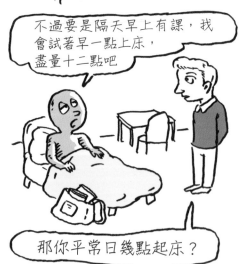

在健康生活這方面，你覺得自己做得怎樣？

你通常都幾點睡覺？

我啊，我是夜貓子呢。如果我隔天早上沒什麼事，我通常都是半夜一兩點睡覺

不過要是隔天早上有課，我會試著早一點上床，盡量十二點吧

那你平常日幾點起床？

我通常7點起來，因為我都是8點有課

不過有幾天的課比較晚開始，我就會睡晚一點

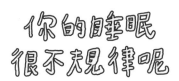

你的睡眠很不規律呢

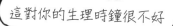

這對你的生理時鐘很不好

我們的大腦裡有顆小小的腺體，叫做松果體，法國哲學家笛卡兒認為人的靈魂透過松果體與人的身體相連接

該睡覺了

這顆小小的腺體會分泌出一種荷爾蒙，叫做褪黑激素。它會將人體的新陳代謝緩慢下來，以便進入睡眠

在幾百萬年的演化下，人體學會了要如何根據一年中的季節、一日中的時間同步調整作息。白天我們是活躍的，為了

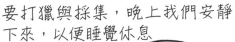

要打獵與採集，晚上我們安靜下來，以便睡覺休息

呼嚕嚕…

時至今日，即使我們可以依靠手錶報時，這個生理時鐘其實還是在我們大腦的細胞裡牢牢地存在著

為了讓松果體知道該在何時分泌激素，我們必須每天早上讓松果體跟晨光同步一下。

因為我們的生物時鐘其實並不是非常精確，通常一天會慢個 10 到 20 分鐘

就像老式的手錶要上發條那樣嗎？

對！要讓你的大腦重新校準時間，你必須給它來點早晨的陽光

這是大腦每天讓自己校準**生理時鐘**的最佳時刻

缺乏早晨陽光的刺激，會讓大腦裡的時間慢慢開始跟現實有落差，這是為什麼當你早上沒固定時間起床時，會變得越來越晚睡，我們把這個現象稱為

睡眠相位後移症候群

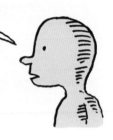

我沒有遲到，你看太陽剛剛出來！

這是夕陽，笨蛋！

一點一點長期累積下來，慢慢地人就會變得容易疲倦 ，難以專心 😠、易怒 😡 甚至會引發其他的健康問題 🫨

一般認為在你的年紀，一天需要睡 9 個小時

而 21 歲之後，一天大概 7 到 8 個小時就可以了

你最好能夠維持規律的生活節奏

最重要的是，在平常上學的日子，能夠固定一個起床的時間。對你來說，大約是早上 7 點，所以換算回去，你大概晚上 10 點要上床睡覺

21h00. 晚上 9 點，掌管睡眠的荷爾蒙「褪黑激素」開始分泌

2h00. 凌晨 2 點，達到最深層睡眠的時間

4h00. 凌晨 4 點，一天中體溫最低的時間

19h00. 晚上 7 點，一天中身體溫度最高、血壓也最高的時刻

7h00. 早上 7 點，褪黑激素停止分泌，開始分泌皮質醇（激活新陳代謝的荷爾蒙）

15h00. 下午 3 點，專注力與警覺心開始下降

10h00. 早上 10 點，最能夠專注與警戒的時刻

什麼？

你不會真的覺得我會像小寶寶一樣，每天晚上10點乖乖上床睡覺吧？！

你知道，我們常說，這個世界屬於早起的人！

試試看吧！

正是在你這個年紀我們能夠嘗試去培養良好的生活習慣！

創造你自己生活中的小小儀式，你可以吃個蘋果、吃個優格，其實什麼都可以，

就是在一個固定的時間點做一件固定的事

然後進行一項安穩、靜態的活動（比如說閱讀、聽和緩的音樂…）

除了睡覺時間之外，不要窩在床上

如果你一下子睡不著，你就從床上起來，到別的地方去看本書

床＝放鬆＋睡覺！

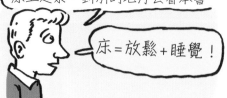

所以避免在床上工作、用電腦，或者玩遊戲

我不太確定這是不是真的有用。

因為通常來說,當我比較早上床時…

我會想東想西想很多但就是睡不著

很多人會在睡前去思考自己生活中的問題,以為這樣比較容易找到解決辦法…

事實上,這樣的行為我們稱為

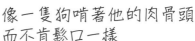
反芻思考焦慮

實際上要在大半夜突然解決一個問題很困難

我們應該放鬆並且告訴自己,每個問題都會適時找到解方…

而不是把一個問題翻來覆去的檢視

問題

像一隻狗啃著他的肉骨頭而不肯鬆口一樣

這完完全全就是我啊！我習慣每天睡前思考一遍今天發生的事，想說早知道當時應該這樣做、或者那樣講，然後就一直想下去，沒完沒了！

我教你一招管理壓力超級有用的方法

叫做 **身體掃描法**

身體掃描的概念是，要學會如何客觀、不帶偏見地去觀察自己所有的感覺與情緒…

這就有點像我們仰望著天空中雲朵飄過去那樣

那個…

我是…

我們不要去對抗，或者解釋這些情緒

如果我早知道…

我們就只是安安靜靜地看著雲朵飄過

最好每天能夠有 20 分鐘這樣安靜的時間待在房間裡（當然不能拿著手機囉！）

躺下來，平穩地呼吸

不去想說一定要達到
什麼狀態

這樣的身體掃描練習，可以
訓練你的集中力

也讓你以善意的方式接受
自己會有的感覺與情緒

觀察你的想法與情緒，

讓它們輕輕地飄過

不覺得它們重要

也不要去分析

把你所有的注意力都放在身體上，先集中在腳趾的趾尖，然後緩慢地沿著身體往上，一直到顱骨的頂端

你感覺到韌帶在皮膚下是怎麼連接的，身體如何把重量放在床上，你會感覺到身體比較緊繃的部位，覺得比較冷或者比較熱的部位…

如果你分心了，開始去想一些有的沒的事情，不要急著責備自己，慢慢把注意力轉回到身體上

試試看吧，每天做一次身體掃描，然後按照我告訴你的睡眠注意事項去做

在開始練習之前，先從1到10衡量一下自己的壓力。在練習結束之後，再衡量一次，你就可以看到這樣簡單的小動作如何改變你的狀態。

STRESS
壓力

這樣做一個禮拜之後，問問自己，是不是比以前平靜、精神更好、容易專注、更有體力

一旦你感受到身體掃描的好處,你就會有動力持續下去

哇,你這樣講害我想到星際大戰裡,尤達大師教天行者怎麼用原力的那個橋段!

我做久了就可以讓東西浮起來嗎?

你這麼說很有趣!

因為其實在星際大戰系列電影裡面,有很多的文化元素其實是從佛教思想裡面衍生出來的…

你是佛教徒嗎?

不是,但是我對哲學非常有興趣。而佛教思想帶給我非常多的啟發

曾有研究在僧人入定的時候監測他們的腦部活動…

不可思議的是,

他們能夠訓練自己去掌控大腦中一個對於情緒調節而言非常重要的腦區

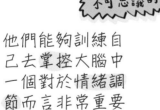

好喔，我來試試看！

我有個朋友的狀況是，做運動可以讓他安靜下來

他有很糟糕的注意力不集中問題，所以他的成績一直很差

大家都說他是
超級過動

所以他很需要不時去放一放電

他人很好，可是成天活得心不在焉

噢不！我又忘記帶作業本了！

如果哪天他沒有忘記帶學校的東西，那就一定會忘記帶鑰匙、忘記帶手機…

他真的有點兩光！

你說的沒錯，有研究證實

運動
對於大腦活動來說
是有好處的

而且不只對有過動狀況的人才有效！

我們可以把運動分成兩種方式

① 耐力運動（有氧運動）

跑步、游泳、騎腳踏車…

② 肌力運動（無氧運動）

肌力訓練

你如果能夠以穩定的方式進行有氧運動至少45分鐘，你的神經細胞中的氧氣濃度會上升，因此會釋放出一系列的化學分子，這些分子對於智力表現、精神、學習有幫助，還可以減緩神經細胞的老化

這樣很好

好極了

你在休息嗎？你喘不過氣了嗎？

不不，我剛剛想出一道數學題的答案了！

所以你的意思是，要在舉重機上練大肌肉與在跑步機上練大腦兩者之間做選擇嗎？

可以這麼說吧…

飲食習慣

對於大腦的健康也有顯著的影響。我們的大腦差不多只有 1.5 公斤重，就是一罐大瓶礦泉水的重量，但是大腦卻消耗人體中高達 30% 的能量

要讓大腦好好地運轉，我們必須要提供均衡並且多樣化的飲食

在 蔬菜 與 水果 中，我們可以攝取到維生素 B 以及茄紅素等，這些營養素可以減緩細胞老化

在油脂豐富的魚類，像是鮭魚和鮪魚裡面，我們可以攝取到 Omega3，這是一種可以增強記憶力、維持專注力、並且幫助控制情緒的營養素

吃得好比去吃那些維他命補充錠要健康，而且有效多啦！營養錠劑那種東西其實吸收效果很差的！

相反的，沒有被好好照顧的大腦表現會變差，智力水準降低、經常疲倦、易怒、容易出現情緒問題

番茄醬可以算一種蔬菜嗎？加上四顆青豆，我就做到每日五蔬果啦…

有些物質會對腦細胞**有害**，它們會促進自由基與
其他**有毒物質**的生成，讓你的大腦加速老化。
尤其是炸物裡面常常有的
飽和脂肪

最近也有新發表的研究顯示，攝取過多工業製造的
食品中所含有的**糖分**（糖果、蛋糕、汽水
等），會對於記憶力與專注
力有負面影響。因為我們身
體攝取糖分後，胰島素劇烈
增加對大腦來說很吃不消。

對於酒精也要當心啊，
酒精完全不是大腦的好朋友！

啊！是嗎？但是也有人說每天喝
一杯紅酒可以讓你健康長壽耶！

也有人說紅酒跟啤酒裡面
有很多可以保護心臟的維
生素…

這是那些一心想要賣出更多酒精飲料的酒商講的話！

就算只有一點點，這些人也想讓大眾認為葡萄酒對身體是好的

我是沒有真的很愛喝啦，但是喝了可以長命百歲的話…

這是天大的謊言！醒醒吧！

科學研究顯示，酒精的攝取，即使是很溫和的量，都會提高罹患癌症的風險。

酒精可是高踞法國人死因排行榜的前幾名呢！

而且還會造成社會安全漏洞！

在法國，人們真是胡作非為！

你不要這麼生氣啦，臉都紅了！

不！

這件事會讓我這麼生氣，是因為酒品工業對自己的產品這樣浮誇自豪的態度會害死人，尤其是讓青少年越來越早接觸酒精，包括女孩子在內

向愛酒酗酒、天天喝酒的人們致敬酒品工業感謝您的消費

他們把烈酒跟果汁摻在一起，以便做出一種沒有很濃的假象，並且想辦法讓青少年可以消費。市面上甚至還出現「酒口味」的糖果，讓孩子從小就熟悉酒的味道。

我受夠了種種把酒精正常化的手段！

因為我天天親眼見到這種 **狂吞豪飲** 的飲酒方式，對我的青少年患者造成多大的傷害！

怎樣叫做狂吞豪飲？

就是喝得又多又快！

準確地說，在2小時內喝5杯以上，對女孩們來講是4杯，因為她們身體代謝酒精的速度比男生慢一些

對於神經細胞來說，這樣的喝法就是森林大火：

讓全部都燒起來啦！

我們的大腦並不是設計來被這樣使用的。

我再強調一次：要好好保護你的大腦，尤其是在你這樣的年紀，你的大腦正在建構發展！

酒精讓交通事故的發生率大大提高

對女孩們來說，遭到性騷擾的機會也增加了

我遇過許多年輕漂亮的女患者，在一場派對之後光溜溜地醒來，完全不記得發生什麼事，因為她們喝得太多了…

嗯，我可以理解，對你來說天天聽到這些故事也是一種創傷吧…

不過朋友在一起就是要開趴啊！

如果我們不喝酒、不呼麻，其他人就會覺得我們**超沒種的**！

去吧，滾回娘胎裡去！

哈！哈！

但是如果你這個世代的年輕人不改變的話，我們未來只會需要更多酒精成癮的專家！

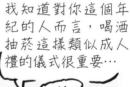

我知道對你這個年紀的人而言，喝酒抽菸這樣類似成人禮的儀式很重要…

但是在人生中真正重要的是，你要能夠站在自己的立場有所選擇，要能拒絕只是因為起鬨、只是因為想要跟別人一樣而去做某些事情

這就是所謂的自由啊！基於自己的立場能夠有所選擇，包括選擇不讓自己處於危險之中

如果我們只是一直跟隨前人的腳步，我們到現在還住在洞穴裡，拿打火石敲來敲去嘗試生火呢！

你們是未來的主人，

你們應該要保有這份自由，避免重複前人犯過的錯誤

而 **真正的好朋友**

並不會強迫你做選擇，也不會對你品頭論足

如果他們會對你這樣做，那麼他們就還算不上真正的朋友。你要好好考慮自己交友的選擇

好好地選擇自己的朋友，是在為人生累積資本！

他看起來人很好…

有些人，因為他們的慷慨、聰明或偉大的人格，而幫助我們成為更好的人、讓我們自我提升、給我們靈感

有些人卻可以喚起我們天性中惡劣的一面，在我們心中種下不良的種子，這些種子或早或晚總有一天會發芽，對我們的言行舉止造成不良的影響

並不是一個看起來很好的人接近我們，這個人就會成為一個好的朋友

你的時間很寶貴，不要浪費在不值得的人身上

你要知道，在生命中 學會說不 就是學會了定義你自己

自我確認，是建立自尊心很關鍵的一個步驟

在你真的不想要，而別人不停地強迫你時，有一招很好用：

跳針法

來一根吧？

不了

來一根吧？

不了，謝謝

來一根吧？

不，我不想要

來一根吧？

不用，謝謝！

每次有人要你做些什麼，你就用一樣的方式溫和但堅定地說不，不需要生氣也不需要辯解，最後對方就會知難而退

好喔，我就拿這招來對付我媽，她叫我整理房間我就說不！

好吧，反正我也抽完了…

我要說是你教我的，哼哼哼！

是說，為什麼有些人會上癮、有些人不會啊？

這邊存在著心理性的因素，如果你正處於憂鬱或者焦慮之中，那麼上癮的機率會比較高

因為我們會開始使用一些藥物

這其實是個 **陷阱啊！**

藥物可以短期性地緩解症狀

但是長期來說，只會把狀況越變越糟

我們原本只有一個憂鬱問題，現在變成憂鬱與上癮兩個問題

當然，遺傳方面也會有所影響

媽媽，遊戲上癮者

爸爸，酒精上癮者

如果你家裡有這樣的情況，那你要謹慎啊！

不要引火自焚

千萬不要開始，不開始比起要戒除可是簡單多了

不了，謝謝！

基因是如何起作用的？是我們一直在講的那個多巴胺嗎？

沒錯！

簡單來說，對於 90% 的人而言，攝取酒精或毒品會讓他們的愉悅感慢慢上升

哎呀！

好了，夠了！

而上升到某個天花板之後，他們的身體會開始感到不舒服

於是他們就自己停下來了

但是，

在 10% 的人身上，因為他們大腦對於多巴胺的這個獎賞回饋機制被基因所修改了，所以對這些人來講，他們感受到的愉悅感沒有上限，因此不管攝取量的多寡，愉悅舒服的感覺一直都凌駕於不舒服的感覺之上

當我們用實驗室的超級掃描器去看的時候，我們發現那些上癮者的大腦在嗑藥時就像聖誕樹一樣，到處一點一點亮起來閃來閃去，而那些非上癮者的大腦活動則弱得多

再多一點
再多一點
再多一點

所以我們也可以說，他們並不是自願的囉？

他們的確不完全是自願的。在 50 年前我們還認為酗酒、嗑藥等是道德上的罪惡行為

哎呀，青春無敵！

抓起來關！

現在我們覺得這是一種疾病，我們應該要幫助這些人，而不是把他們定罪

能身為那不容易上癮的 90% 是幸運的！

呼，還好！

再說，生活得好，並不只是身體健康、沒病沒痛，這種物理層面上的事情，更重要的是在一個生存越來越困難、令人不安的世界裡，我們怎麼生活

你正處於一個對世界充滿疑問的年紀，你慢慢開始覺得世界上有些事情簡直太奇怪了

戰爭

悲情

不公不義

等等…

童年時期的世界，有很多令人安心的事情，但是隨著年紀增長，我們慢慢意識到好像應該要修正自己對世界的觀感…

問題遠比答案還多啊

 你也是這樣過來的嗎？

 沒錯！我很幸運，在我身旁有人幫助我，我的家人、朋友，以及一些非常捧的作家，他們可說是救了我的命！

比如說，有一個叫卡繆的作家寫了這本非常好的書

這本書在談人生的荒謬，他一開始就說，在哲學上唯一值得探討的話題，並不是上帝存不存在或靈魂存不存在，而是自殺這件事

薛西弗斯，在希臘神話中是一個因為背叛了眾神而被處罰的人物，他必須每天在死亡之國裡把一顆巨大地岩石往山上推

每次他成功把巨石推上山頂後，巨石又會馬上滾下山，所以他只好下山再從頭開始一次，就這樣永不結束的循環著！

這是一則對人生的荒謬性很好的比喻：
我們必須一瞬不能停歇地重複一樣的事情，搭車、工作、睡覺，我們很清楚自己總有一天會死，而在死亡之前，我們就是宇宙裡一隻站在巨石前面的螻蟻，根本不曉得自己在做什麼…

而卡繆對於這個荒謬的問題有一個非常好的解答，他談到針對自由的抗爭

我就不爆雷啦，你該去看看這本書，不過我可以告訴你，整本書最後一句話是：你要想像薛西弗斯是開心的

這本書在我人生艱難時刻給了我很大的力量

啊，卡繆我知道，我讀過他的《異鄉人》，我很喜歡

說到卡繆的《異鄉人》，這本小說是在講真正意義上荒謬與偏見的受害者…

我們或多或少都有這樣的時刻，身為這個「異鄉人」，被身邊的人錯待，但其他時刻，我們又是那些錯待別人的法官和劊子手…

說到這個，讓我想到班上一位女生…

我們班對她是真的沒有很好…她看起來總是很難過，每天都一副悶悶不樂的樣子，我猜她有憂鬱症

你要知道，這不是一種選擇，每個人都有自己的**性別認同**，就像你有你的髮色、身高、或者你喜歡某一種食物勝過另一種…

這就是你，你就是這樣的啊！

當你們拿她的性取向**開玩笑**的時候，對她來說這是非常具有**侮辱性**的

我要告訴他，他長著兩顆兔子門牙嗎？

這就像是我們去嘲笑別人的外表一樣，這是很傷人的。每個人的身體與自我認同都是**神聖的**！

這樣悲劇的事情其實常常發生，你知道的

一個人受到**侮辱與騷擾**，

可能導致很嚴重的結果，

比如說自殺

我沒有騷擾她啦！

不要想得太誇張，我們只是覺得好玩！

我心裡其實很喜歡她的！

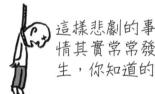

我並不是說你是個壞人，正好相反

而我也可以感覺到其實你對這件事也感到不自在

但或許你低估了你跟朋友這樣嘲笑對她的負面效果。

我們都會犯錯，但是重新思考自己的錯誤並且彌補曾經犯過的錯，是一件在人性中很了不起的事情。

的確，我覺得自己好像不太應該這樣…

我們的確是滿機車的…

說給我聽聽？

我們開了一個祕密的群組，她沒有在這個群組裡，她只有在班上公開的群組裡

我們要講一點骯髒的八卦！

喔！太好了！

有人說她有厭食症，因為我們看得到她的骨頭一根一根的，而且她在學校食堂裡從來都不跟我們一起吃飯…

也有人說她割腕自殺，有人說看到她手腕上的割痕…

她有看到你們群組裡的談話嗎？

我不知道，有可能。總之她已經一個月沒有來上課了，我想她應該知道我們都討厭她…

你們有人打過電話給她嗎？

沒有。但是現在才打電話超級假惺惺的不是嗎？畢竟我當初也參與了⋯

如果你是誠心誠意、發自內心地跟她說話，就不會假惺惺了

你知道，有的時候只是伸出一隻手、一個微笑、一句溫暖的話，就可以給那些身處絕境的人帶來希望

我要告訴你一個真實故事，是我一位個案的經驗。他決定要自殺，所以他回到自己童年成長的村莊，拿了他爸爸的獵槍出門⋯

在路上他遇到了一位從前班上的同學

嗨！真高興看到你！

你這是要去打獵嗎？我陪你一起吧！

他們聊了幾個小時，然後這位同學邀請他去家裡吃飯

他在同學家裡，見到了同學的妻子和妻子的妹妹

最後他跟這位同學妻子的妹妹結婚了！

這個故事裡的同學根本不知道他要自殺，只是因為慷慨地釋出了一點善意，就救了這個人的命！

121

好吧，假設我打電話給她好了，我要跟她說什麼？我對厭食症一點都不了解，我會很緊張啊！

你不用想著要一下變成飲食失調症的專家！再說你怎麼知道她真的想跟你聊厭食症？

這是很私人的事情，她不一定想要人家一開口就談這個。

嗯，所以你的厭食症怎樣啦？

我應該要再瘦個2到3公斤…

患有飲食失調症的人，通常對於自己的狀況覺得難以啟齒，因此會想盡辦法掩蓋自己的症狀

不管人家說什麼，他們都永遠覺得自己的身材不夠好，然後不停地計算卡路里、控制飲食

這是一種強迫症，當這種強迫症滲透到生活的各個層面時，最後就變成一種痛苦

厭食症的治療滿困難的，因為通常厭食症的機制是跟其他根深蒂固的生活習慣綁在一起的

過量工作　　　或者超量運動

這樣的人通常追求精神上的純粹、喜歡擁有優越感，並且有時候認為自己控制飲食的做法，可以帶來某一種幻想中的自由

要幫他們改善情況，我通常都會請他們想像自己在一座美麗的森林裡散步

你看，每一棵樹、每一叢灌木都有自己的尺寸與形狀…

正是這些植物的多元性讓森林這麼美啊！

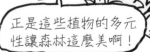

我嘗試讓他們理解，我們要像看森林裡的樹一樣看待自己的身體：每個人都很美，而且很不一樣。

不過這是個漫長而且龐大的工作，常常要花上幾個月，甚至幾年的時間…

不過你可以把自己放在她的位置上思考：想像你的人生中有很多問題，然後你班上的同學都對你表現出敵意，你覺得非常悲傷而不幸、挫折感很深、孤獨寂寞…

而且你還討厭自己的身體，你更討厭的是班上的人發現你有飲食失調問題。你覺得你會希望人家跟你談這件事嗎？

我知道了！我可以買一本卡繆的書給她！

哪有這麼容易！

她會覺得這是你對她的侮辱：「為什麼他要特別買這本書來鼓勵我？」

試著找一個更簡單、更自然的辦法。

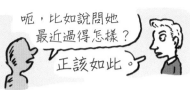

呃，比如說問她最近過得怎樣？

正該如此。

然後我道歉？

是的。

但要是她叫我離她遠一點呢？

去死吧！

嗯，這沒什麼關係啊！

這多多少少是正常的吧？

能夠接受他人對我們合理的指責與批評，是一種強大精神力的展現，這尤其是一種讓自己成長的好辦法。

所以勇敢接受批評

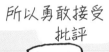

我們做錯了！

告訴她，你好好思考過了，你認真地反省並且誠懇地道歉。

真的很對不起！

我可以做什麼來幫你嗎？

你如果真的很誠懇，她會感覺到的，她對你的行為會有感動。

發誓！

你可以對她說，你希望她可以早一點重回學校，然後你會跟其他人溝通，讓他們修正自己的行為

這個嘛…我不知道，我不是班上最受歡迎的那一群…

去吧！年輕的絕地武士！

這很可能是之後會讓你驕傲的一件事呢！

而且 我相信，不只有你一個人在這件事上覺得不安。

一定還有其他人可以被你說服去做出改變的！

我覺得她應該要來看你，你是個很棒的心理醫師！

謝謝你，你這麼說讓我很開心！不過這是不可能的事。

為什麼？

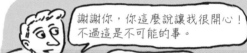

因為我只是一個紙上心理醫師啊！如果她沒有心理醫師，你可以建議她去找一個。有很多方法可以找到心理醫師：請父母幫忙，或者到學校的輔導室…

還有青少年關懷之家、心理醫療教育中心…

以及你的家庭醫師，他一定可以幫你找到一個心理醫師的！

現場有心理醫師嗎？

那你呢？你覺得你需要去看一個真正的心理醫師嗎？

我不知道。我會先跟著你的建議做做看，然後再看看情況⋯

但我會想念你的！

好的！你是個很可愛的人，我也會想念你的！

要記住，尋求幫助不是一件難為情的事，正好相反！

憂鬱症、焦慮問題、成癮問題、厭食症等這些身心症，都是越早治療越能夠快速有效地治好，最好從有初期症狀就開始

所以不要拖！

等到症狀發展得很明顯之後再治療就比較困難了

真正有勇氣的作為

是去面對自己的困難，正面迎擊並且對自己誠實

他談到自尊心，以及談到我們太過於在意他人的看法、並且常常喜歡做出比較，因此我們的自尊心是脆弱的

而針對這些自我評價的想法，羅馬皇帝馬可・奧理略提出一塊翡翠做為比喻。翡翠內在的價值，並不會因為不同的人對翡翠有不同的評價而改變。

想像你是這塊美麗的翡翠，人們從你面前經過，然後發出讚嘆

但是不管他們怎麼說，**你知道自己的價值！**

哇！太驚人了！

或

瑕疵好多！

你覺得有點沮喪的時候，就想想馬可・奧理略的那塊翡翠吧！

好啦，好好照顧自己，以及身邊的人！

全書完

www.booklife.com.tw   reader@mail.eurasian.com.tw

心理 058

有病的其實是我媽，卻要我去諮商：

寫給青少年和家長的心理圖文書

作　　者／大衛‧古席翁（David Gourion）、穆佐（Muzo）
譯　　者／Geraldine LEE
發 行 人／簡志忠
出 版 者／究竟出版社股份有限公司
地　　址／台北市南京東路四段50號6樓之1
電　　話／（02）2579-6600‧2579-8800‧2570-3939
傳　　真／（02）2579-0338‧2577-3220‧2570-3636
總 編 輯／陳秋月
副總編輯／賴良珠
責任編輯／賴良珠
校　　對／蔡緯蓉‧賴良珠
美術編輯／簡瑄
行銷企畫／詹怡慧‧陳禹伶
印務統籌／劉鳳剛‧高榮祥
監　　印／高榮祥
排　　版／莊寶鈴
經 銷 商／叩應股份有限公司
郵撥帳號／18707239
法律顧問／圓神出版事業機構法律顧問　蕭雄淋律師
印　　刷／龍岡數位文化股份有限公司
2020年8月　初版
2024年5月　5刷

定價 300 元　　　　　ISBN 978-986-137-301-0　　　　版權所有‧翻印必究
◎本書如有缺頁、破損、裝訂錯誤，請寄回本公司調換　　　　Printed in Taiwan

許多有創意的人都用自己的例子，證實運動如何奇蹟般成就他們的創造力。

據說愛因斯坦是在騎自行車時想到相對論；貝多芬經常在白天停下創作，走一段長路來尋找靈感；達爾文則靠著每天一小時的「思考之路」，寫出《物種起源》……蘋果創始人賈伯斯定期舉行步行會議……他的做法似乎也激勵了許多矽谷菁英，臉書創始人祖克柏和推特創始人傑克‧多西，也做過同樣的事情……

——《真正的快樂處方》

◆ **很喜歡這本書，很想要分享**

圓神書活網線上提供團購優惠，
或洽讀者服務部 02-2579-6600。

◆ **美好生活的提案家，期待為您服務**

圓神書活網 www.Booklife.com.tw
非會員歡迎體驗優惠，會員獨享累計福利！

國家圖書館出版品預行編目資料

有病的其實是我媽，卻要我去諮商：寫給青少年和家長的心理圖文書 / 大衛‧古席翁（David Gourion）文；穆佐（Muzo）圖；Geraldine LEE譯. -- 初版. -- 臺北市：究竟，2020.08
    136 面；17×22公分 -- （心理；58）
    譯自：Docteur feel good.
    ISBN 978-986-137-301-0（平裝）
    1.青少年心理 2.心理輔導
173.1   109008930